(réserver la couverture)
Don de l'auteur

Regnault de Beaucaron

Les familles Gauthier
de Tonnerre

Auxerre Imprimerie de la Constitution
1892

LES FAMILLES GAUTHIER

DE TONNERRE.

Tous les auteurs qui ont parlé des Gauthier de Tonnerre, ont attribué aux Gauthier de Tronchoy, de Roffé, de Fontaine-Géry et de Montserve, etc., d'une part, la même origine paternelle qu'aux Gauthier de Vaulichères, de Beauvais, de Rougemont, de Pont, de Lizoles, d'Hauteserve, etc., d'autre part. Cette opinion que nous avons nous-même émise, dans la Notice sur les tombes de l'Hôpital des Fontenilles (1), semblait confirmée par ce fait qu'ils habitaient tous exactement le même pays, occupaient le même rang social, y remplissaient des charges analogues, étaient qualifiés du même titre d'écuyer, possédaient des Seigneuries voisines ou de même nom. De plus, dans les actes des paroisses, les membres de ces deux familles portaient les mêmes prénoms; les mêmes noms de témoins ou de parrains se rencontraient pour les uns comme pour les autres, et, enfin, il y avait similitude dans les alliances. Ainsi Pierre Gauthier du Tronchoy, *receveur des tailles*, avait épousé une fille de Pierre Coiffat et de Catherine Cerveau; or, vers la même époque, Pierre Gauthier, *receveur des tailles*, de l'autre famille, s'était marié à une

---

(1) *Annuaire historique de l'Yonne* 1886.

demoiselle CATHERINE CERVEAU, JEAN GAUTHIER, son frère, avait épousé une demoiselle FRANÇOISE CERVEAU, et, simultanément, on rencontrait un troisième PIERRE GAUTHIER, contrôleur du grenier à sel, et au moins quatre CATHERINE CERVEAU et deux FRANÇOISE CERVEAU. Plus tard, EDME GAUTHIER du Tronchoy, *capitaine de l'Arquebuse de Tonnerre*, contemporain d'un autre EDME GAUTHIER également *capitaine de l'Arquebuse de Tonnerre* et appartenant à l'autre famille, épousait une demoiselle Le Maistre alliée aux Luyt, parents eux-mêmes des autres Gauthier. Et, pendant que les actes mentionnaient une MARIE-GABRIELLE GAUTHIER du Tronchoy, on y rencontrait une GABRIELLE GAUTHIER, appartenant à l'autre famille, épouse de François Berger, seigneur du Tronchoy. C'est qu'il y avait à Tronchoy un château à chaque extrémité du village et, apparemment, deux co-seigneurs du Tronchoy. Enfin pour aider à la confusion, tandis que Pierre Gauthier, seigneur du Tronchoy, était fils et neveu de contrôleurs généraux des gabelles du Languedoc, François Berger, époux de Gabrielle Gauthier, de l'autre famille, était également seigneur du Tronchoy et receveur des finances du Languedoc.

Cependant, de patientes recherches dont le mérite revient à M. Gauthier, bibliothécaire à Tonnerre, qui nous en a obligeamment communiqué le résultat, il ressort nettement que si les Gauthier du Tronchoy et les Gauthier de Vaulichères, de Beauvais, etc., avaient des relations fréquentes et forcées, et s'étaient ultérieurement alliés entre eux, ils n'en avaient pas moins une origine paternelle distincte, et que, si les Gauthier de Vaulichères étaient dans le pays depuis un temps immémorial, les Gauthier du Tronchoy étaient venus s'y établir seulement au dix-septième siècle. Nous allons passer en revue les principaux personnages de ces deux honorables familles, en commençant par les Gauthier de Vaulichères, de Beauvais, etc., les plus anciens dans le Tonnerrois.

CHAPITRE I.

FAMILLE GAUTHIER DE VAULICHÈRES, DE ROUGEMONT, DU PLESSIS, DE VAUMORILLON, DES PRÉAUX, DE LIZOLES, D'HAUTESERVE, DE BEAUVAIS, DE SERRIGNY, DE PONT, DE SIBERT.

Une tradition conservée dans la famille la rattacherait à saint Gauthier, abbé de Quincy, près Tonnerre, au XIIIe siècle. Mais il a été impossible d'en établir l'authenticité en l'absence d'actes remontant à cette date.

Cependant nous tenons à la rappeler, car l'historien Cerveau raconte dans ses Mémoires manuscrits sur la ville de Tonnerre, qu'en 1691, le corps de saint Gauthier fut visité par Charles Bordes, doyen de Notre-Dame de Tonnerre, délégué par Mgr de Simiane de Gordes, évêque de Langres, et que Adrien Piot, chirurgien de l'Hôpital de Tonnerre, fut appelé à cette cérémonie *pour vérifier et emporter des ossements du corps de saint Gauthier assez considérables qui sont resté dans la famille.*

Or. il n'y avait à cette époque dans le Tonnerrois que trois familles Gauthier : 1° Une famille Gauthier très modeste, dont les membres étaient artisans, marchands ou domestiques, et qui n'a laissé aucun souvenir ; 2° Les Gauthier du Tronchoy qui, nous le verrons plus tard, venaient du Languedoc ; 3° Les Gauthier de Vaulichères, de Beauvais, etc., anciennement et honorablement connus dans le pays. Et il n'est pas téméraire de supposer que, si vraiment une famille du Tonnerrois a pu, en 1691, se dire parente de saint Gauthier, c'est évidemment celle des Gauthier de Vaulichères. Enfin, Cerveau, maître gradué ès-arts en la Faculté de Sorbonne de Paris, maître et supérieur de l'Hôpital de Tonnerre, était contemporain des faits ci-dessus qu'il rapporte dans ses Mémoires. Il était même, sans doute, parent des Gauthier, car nous avons vu, au commencement de cette notice, plusieurs alliances avec des Cerveau.

En outre, par une coïncidence curieuse, un vidimus de 1373, conservé de tout temps par les d'Hauteserve, relatant une charte d'affranchissement de 1243, porte qu'un Gauthier de Saint-Florentin, seigneur de Pacy, près de Tonnerre, a accordé des franchises aux habitants de Pacy et que sa femme, Marguerite Dame de Pacy, n'ayant pas de sceau, s'est servi de celui de l'abbé de Quincy.

Si cette filiation pouvait s'induire des sentiments religieux des Gauthier, elle serait surabondamment prouvée, car ils ont laissé le souvenir d'une piété très ardente, qui s'est manifestée par de nombreuses aumônes, fondations de messes et de chapelles. Quoi qu'il en soit, rappelons que saint Gauthier dont les populations ont conservé un souvenir plein de vénération, fut abbé de Quincy, près Tonnerre et, au dire de la majorité des historiens, évêque d'Auxerre et martyr (1). Son corps reposait originairement dans l'église de Quincy. Il fut visité, en 1691, comme nous l'avons dit plus haut, et lorsque la Révolution est venue anéantir l'antique abbaye, les reliques qui y restaient ont été recueillies par des mains pieuses et déposées à l'église de Commissey, dans une châsse sur laquelle on peut lire aujourd'hui ces mots : *Corpus sancti Galtieri abbatis Quinciaci*. Il existe encore dans le gracieux vallon de Quincy une fontaine, aux eaux vives et limpides, consacrée à saint Gauthier, surmontée de sa statue et où de nombreux pèlerins venaient autrefois chercher la guérison des fièvres et des maladies des yeux.

En parcourant les histoires et les chartes les plus anciennes du Tonnerrois, on rencontre fréquemment le nom de Gauthier porté par des personnages assez importants mais dont on n'a pu établir la filiation en l'absence d'actes réguliers.

Remarquons en passant que, par un fait contraire à ce qui se produit ordinairement, dans les recherches des origines d'une famille, on est arrêté dans l'établissement de l'arbre généalogique des Gauthier, moins par la disette de documents que par leur multiplicité. On rencontre tant de Gauthier portant les mêmes prénoms, habitant le même pays, etc., qu'il en résulte un dédale dont on ne peut plus sortir.

Arrivons donc maintenant à la généalogie authentique

(1) Cf. *Annuaire de l'Yonne* 1863.

des Gauthier de Vaulichères, de Beauvais, etc., qui s'établit sans lacunes depuis le xvi° siècle.

Pour plus de clarté, nous examinerons successivement les deux branches principales formées au commencement du xvii° siècle et ayant chacune une origine paternelle et *maternelle* commune, comme l'indique le tableau ci-dessous :

Pierre Gauthier marié à Marie Luyt (1), *remariée à Nicolas Mirey.*

Jean GAUTHIER né en 1605, mort en 1663, marié à Françoise Cerveau, née en 1613, morte en 1708, *sœur de Catherine Cerveau* (1) ci-contre, Auteur des branches de Vaulichères, de Rougemont, du Plessis, du Vaumorillon, des Préaux, de Lizole, d'Hauteserve.	Pierre GAUTHIER né en 1607, mort en 1697, conseiller du roi, receveur de la ville de Tonnerre, receveur élu des tailles, échevin, marié à Catherine Cerveau (1) née en 1624, morte en 1671, *sœur de Françoise Cerveau* ci-contre, Auteur des branches Le Roy, de Serrigny, de Beauvais, de Croissy, de Pont, de Sibert.
1ʳᵉ BRANCHE.	2ᵐᵉ BRANCHE.

§ I. 1ʳᵉ BRANCHE

Gauthier de Vaulichères, de Rougemont, du Plessis de Vaumorillon, des Préaux, de Lizole, barons d'Hauteserve.

Le château de Vaulichères, situé dans le village de ce nom, près de Tonnerre, sur le versant d'un côteau, est un grand bâtiment rectangulaire, entouré d'un joli parc clos de murs et auquel une avenue et un pigeonnier en forme de tour donnent un aspect seigneurial.

Un de ses propriétaires, Jean Gauthier de Vaulichères,

---

(1) Nous avons, dans la notice sur les Tombes de l'Hôpital, donné des détails sur les Luyt et les Cerveau. Ces deux honorables et anciennes familles avaient pour armoiries, la première : D'argent au chevron de gueules accompagné en chef de deux roses de sable et en pointe d'un lion issant de même ; la seconde : D'azur, à deux chevrons d'or entrecroisés.

fils de Jean Gauthier et de Françoise Cerveau, écuyer, officier de son Altesse royale Mgr le Duc d'Orléans, né en 1646, avait fondé et doté la chapelle qui existe encore et qui fut bénie en grande pompe, le 18 mai 1693, par M. Bordes, doyen de Notre-Dame (le même qui avait relevé les reliques de saint Gauthier deux ans auparavant). Une des trois cloches eut pour parrain le même abbé Bordes, et pour marraine, Françoise Cerveau, mère du fondateur. Cette chapelle fut enrichie d'une relique de sainte Victoire que Jean Gauthier avait obtenue du pape.

En sollicitant l'autorisation d'ériger cette petite église, Jean Gauthier s'était engagé à l'entretenir, à faire une rente de 200 livres au chapelain et à lui bâtir une maison.

Le 15 décembre 1723, il laissa par testament, 20,000 francs à prendre sur la ferme de Vaulichères, pour l'entretien du chapelain et de la chapelle. Ce testament fut cassé, et le 13 février 1725, on convint qu'un chapelain serait nommé par l'aîné des mâles dans la branche aînée des Gauthier et les autres branches, en suivant l'ordre de primogéniture, par suite d'extinction de mâles dans la branche ainée, ou à défaut de mâles, par l'aînée des femmes dans le même ordre, à défaut de représentants masculins et féminins de la famille Gauthier, par l'aîné de la famille de la veuve de Jean Gauthier de Vaulichères; enfin, au défaut, par le propriétaire de la ferme.

Il était alloué au chapelain annuellement 200 francs de traitement et 50 francs pour l'entretien de la chapelle, un logement avec un jardin, des prés, des terres et des vignes, à la condition de dire la messe et les vêpres les dimanches et fêtes, deux messes par semaine et de faire le catéchisme aux enfants.

« Cette chapelle de Vaulichères, dit M. Le Maistre, est à peu près un carré long, sous voûte planchéiée. Sur l'autel sont encore les ruines d'un magnifique tabernacle doré, orné de statuettes ou figurines du Christ, de saint Pierre, de saint Paul, de sainte Claire et de saint Dominique. On y voit aussi les bustes de la sainte Vierge et de l'apôtre saint Jean. Nous croyons y reconnaître les portraits de sainte Barbe avec sa tour, saint Jean l'évangéliste, saint Louis, roi de France, sainte Marguerite d'Antioche, avec un dragon et une palme, et deux saintes religieuses dont l'une avec sa corbeille de fleurs est probablement sainte Marguerite d'Allemagne. »

« De chaque côté de cette grande chapelle, sont deux petites chapelles en fort mauvais état. L'une d'elles était dédiée à saint Roch. »

Jean Gauthier de Vaulichères est inhumé dans cette chapelle, avec Anne Milon sa femme ; ses armoiries sont gravées sur sa tombe où l'on voit encore l'inscription suivante :

> Cy gist le Sr
> Jean Gauthier
> Dmt en ce lieu de Vauli
> chères officier de S. A. R.
> Mgr le Duc D'orléans
> Et fondateur de cette
> Chapelle le quel est
> Décédé le 16 Novembre
> 1723 agé de 78 ans
>
> Requiescat
> in pace
> amen

Il fonda aussi une messe de dix heures à la paroisse de Notre-Dame de Tonnerre.

Le 12 février 1690, les habitants de Vaulichères l'avaient chargé de demander qu'ils soient « tirés hors des tailles de Tonnerre et aient un rôle particulier ».

Une des nièces de Jean Gauthier de Vaulichères, Jeanne Gauthier, épouse de Jean Thiesset, bailli de Tonnerre, assista à la bénédiction d'une cloche de l'église de Notre-Dame, le 1er juillet 1719, comme représentante et mandataire de Catherine-Charlotte de Pasfeuquière, comtesse de Rabenat et comtesse de Tonnerre.

Jean Gauthier de Vaulichères avait pour frère, Regnault Gauthier de Rougemont, né en 1647, mort en 1725, écuyer, licencié ès-lois, fourrier de la petite écurie du roi, qui eut onze enfants parmi lesquels :

Anne-Françoise Gauthier de Rougemont, qui épousa Pierre Bordes de Garlet, avocat au Parlement, fils de noble Jacques Bordes, conseiller du roi, lieutenant criminel en l'Election de Tonnerre et parent du curé doyen de Notre-Dame dont il a été parlé plus haut (1).

Et, Charles Gauthier de Rougemont, né en 1686, écuyer, fourrier de la maison du roi, premier fabricien de la paroisse Saint-Pierre de Tonnerre, docteur en médecine, auteur des Gauthier de Rougemont, de Vaumorillon et du Plessis, etc.

Les Gauthier de Rougement ont fourni des échevins de Paris, des gardes du corps du roi, des officiers à la cour du duc d'Orléans, des contrôleurs généraux des fermes. Des notes laissées par M. Bernard Gauthier d'Hauteserve, il résulte que d'un Gauthier de Rougemont, mort en 1733, descendent notamment : Charles-Edme Gauthier, vicomte de Brecy, lecteur des rois Louis XVIII et Charles X, Gauthier, vicomte de Rougemont, commandant de spahis, gardien du tombeau de Napoléon Ier à Sainte-Hélène, et enfin le général Casimir Lebreton, dont la fille épousa le général Douay.

Les Gauthier de Rougemont avaient leur sépulture dans l'église Saint-Michel de Tonnerre : Un d'eux fut inhumé « gratis comme ancien ami de la maison », au pied de l'autel de saint Thierry sous une tombe avec inscription en gothique.

Jean Gauthier de Vaulichères et Regnault Gauthier de Rougemont avaient encore pour frère, Louis Gauthier, né en 1658, écuyer, secrétaire et conseiller du roi, maison et couronne de France, en la Cour des Comptes, Domaines et Aides, lieutenant criminel en l'Election et grenier à sel de Tonnerre, commissaire vérificateur des rôles des tailles, qui épousa Anne de Mauzy, fille du directeur des manufactures de Bourgogne. Il est l'auteur des Gauthier des Préaux, de Lizole, d'Hauteserve, alliés aux Deya de Viviers, Berthier de Chemilly, de Montaran, Pasquier de Coulans (des ducs d'Audiffret-Pasquier), de Goulard, Fouet de Rouzière, Nau de Silly, Teyras de Grandval, du Plessis d'Argentré, de Fontanges, etc., etc.

A cette branche appartiennent Jean-Louis Gauthier des

---

(1) Le portrait à l'huile de Anne-Françoise de Rougemont, qui a dû être fort jolie, existe encore ; il appartient à M. Fontaine, ancien économe de l'hôpital de Tonnerre.

Préaux, contrôleur ambulant dans toute la généralité de Paris, fermier du roi, qui, avec sa sœur, Charlotte Gauthier, veuve de Messire Laurent Deya de Viviers, écuyer, lieutenant-colonel au régiment de Picardie, chevalier de Saint-Louis, posa la première pierre de l'ancien couvent des Ursulines de Tonnerre dont la supérieure était alors Anne-Françoise Deya de Viviers, leur nièce et fille.

Edme-Jean Gauthier des Préaux, son frère, écuyer, conseiller secrétaire du roi, maison et couronne de France et de ses finances, fermier général de Sa Majesté, administrateur général des Postes du royaume, qui reçut fastueusement dans son château de Bondy, Marie Leczinska, lorsqu'elle vint en France pour épouser Louis XV. Le 16 juillet 1769, il fut parrain d'une grosse cloche de Notre-Dame de Tonnerre qui fut bénie sous l'invocation de sainte Anne ; la marraine était sa sœur Charlotte Gauthier Deya de Viviers précitée.

Edme Gauthier, baron d'Hauteserve, fils du précédent, fermier général, qui fut membre du Conseil général de la Seine, et signa seul avec Bellart, en 1814, une proclamation déclarant la déchéance de Napoléon Ier et la nécessité du retour des Bourbons. Proscrit aux Cent Jours, et réfugié à Nades (Allier), il fut créé baron au retour des Bourbons avec le privilège d'ajouter dans ses armoiries une fleur de lys d'or.

Maxime Gauthier de Lizole, conseiller maître à la cour des Comptes, commandeur de la Légion d'honneur.

La branche d'Hauteserve existe seule aujourd'hui.

§ II 2me BRANCHE

Gauthier Le Roy, de Serrigny, de Beauvais, de Croissy, de Pont, de Sibert.

Cette branche qui a produit des chevaliers, rois et capitaines de l'Arquebuse de Tonnerre, des avocats au Parlement, des licenciés ès-lois, des baillis, des receveurs des deniers de la ville, des prêtres et chanoines, des receveurs généraux des finances, etc., etc., s'est alliée aux meilleures familles du Tonnerrois, aux Mirey, Luyt, Jacquillat d'Epineuil, Carteron de Magny, Moreau de Luize,

Noël de la Courvée, Campenon, Le Secq, Rétif du Gied, Dodun, de Blosset, Fayard de Champagneux, de Bourdeilles, de Chastelas, de Lisle.

Elle a pour auteur Pierre Gauthier, conseiller du roi, receveur élu des tailles, receveur et échevin de Tonnerre, qui, le 30 juin 1674, reçut à Tonnerre, avec les autres autorités de la ville, le roi Louis XIV revenant de la conquête de la Franche-Comté. C'est chez lui que descendit et coucha le marquis de Louvois, secrétaire d'Etat qui accompagnait le roi.

Dans cette branche, on remarque en première ligne l'abbé Jean Gauthier (1), maître ès-arts et dont M. Le Maistre trace le portrait suivant (2) :

« Arrêtons-nous quelque peu sur un nom honorable, sur un de ces prêtres saints, tels que la Providence en montre parfois à la terre comme modèles de tous les autres. Nous voulons parler de Jean Gauthier, maître ès-arts, dont la signature apparaît pour la première fois sur les registres de la fabrique, le 6 août 1712. Il était d'une famille ancienne et considérée de Tonnerre. Nommé curé fort jeune (il avait à peine vingt-cinq ans), il montra la maturité d'un homme fait. Il ne voulut jamais quitter la première paroisse qui lui fut confiée. Il resta donc à Epineuil jusqu'au 14 octobre 1767, que Dieu l'appela près de lui. Ce long sacerdoce si plein de sagesse, au milieu des mêmes habitants, ne fait-il pas également l'éloge du pasteur et du troupeau ?

« C'est que, en effet, M. Gauthier était un prêtre selon Dieu, sachant se faire aimer, instruit et toujours prêt à répandre le double secours de la religion et de l'aumône. Avec quelle bonté il écrit à M. Mantelet, son vicaire, qui avait cherché à le diffamer auprès de l'évêque de Langres et de son grand vicaire ; c'est le père de famille qui

---

(1) On conserve au Musée de Tonnerre un portrait à l'huile de l'abbé Gauthier, dont nous avons une copie au pastel ; nous possédons aussi son portrait à l'huile à l'âge de 62 ans, portrait qu'il avait, par un legs particulier, donné à sa nièce, notre quintisaïeule. Les portraits de ses père et mère et de sa sœur, Mme Berger dont il sera parlé plus tard, existaient aussi. Ils ont été légués par l'abbé Gauthier à ses neveux Luyt et de Champagneux.

(2) Epineuil, par M. Le Maistre, *Annuaire de l'Yonne* de 1852.

recherche la brebis égarée, la trouve et veut la ramener au bercail. Le 14 juillet 1761, M. Gauthier célèbre solennellement sa cinquantaine de prêtrise, touchante mémoire de son union à l'Eglise de Dieu. Les premiers témoins, les premiers acteurs de cette pieuse cérémonie sont tous les habitants qui viennent faire preuve de leur respect, de leur attachement, de leur vénération, du désir qu'ils ont de conserver longtemps encore ce vieil ami, ce consolateur de leurs familles. Puis, paraissent le clergé, la noblesse des environs, sa famille. Trois pages de signatures suivent le procès-verbal. On y remarque celles de MM. de Flogny, de Tanlay, Mirey de Cheney, de Chabenat, de la Malmaison, Delaune professeur de l'Université, Perrault docteur en Sorbonne et prieur de Quincy, etc. Pourquoi sommes-nous heureux de citer ce brillant concours qui environne d'affection et d'attendrissement un simple vétéran du sacerdoce? C'est que ce ministre du Tout-Puissant a laissé un parfum de bonne renommée que le temps ne doit pas, ne peut pas effacer ; c'est que les vertus, les bonnes œuvres de ce digne prêtre, sont un modèle pour ses successeurs ; c'est qu'elles doivent rappeler ce qu'était son troupeau et ce que doit être celui qui le remplace.

« Trois ans après, le 24 septembre 1764, M. Gauthier baptisait du nom de Marguerite la grosse cloche, la seule qui soit restée. Le parrain était un de ses proches parents, Claude-Denis Mirey, écuyer, seigneur de Cheney, de Neuvy-Sautour et de Bernouil, ancien échevin de Paris ; la marraine était sa petite-nièce, Marguerite Fayard de Champagneux, femme de noble Paul de Blosset, seigneur de Bourdeille, ministre plénipotentiaire de France en la cour de Londres. Le marquis de Blosset fut le successeur du chevalier d'Eon, en 1764 et 1765, pendant l'ambassade du comte de Guerchy.

« Le testament de ce vénérable pasteur est encore une preuve de l'affection qu'il portait à sa paroisse. Entr'autres legs, se trouve une rente de quarante-huit livres pour l'instituteur, à charge d'élever quelques enfants pauvres. Il avait compris ce que peut une instruction solide et chrétienne, pour le bonheur de l'homme. »

Parmi les frères et sœurs de l'abbé Jean Gauthier, nous citerons :

1° Paul Gauthier de Beauvais, écuyer, seigneur de Croissy, receveur général des finances du Dauphiné.

2° Françoise Gauthier, quintisaïeule de l'auteur de cette notice, mariée, en 1703, à Jean Luyt, avocat au Parlement, conseiller du roi, bailli de Tonnerre, juge de Pacy, Lézinnes, Vireaux, grand économe de l'hôpital, procureur du roi à la maréchaussée, lieutenant général du baillage et comté de Tonnerre (1).

3° Gabrielle Gauthier, épouse de François Berger, écuyer, seigneur du Tronchoy, L'Isle, Montserve et autres lieux, receveur des finances du Languedoc et du Dauphiné (2). Leur fille, mariée à M. Fayard de Champagneux, eut deux enfants : Paul Fayard de Champagneux de Bourdeille, seigneur du Tronchoy, receveur général des finances, remarquable par sa piété et sa charité, fondateur de la maison d'école et de l'église du Tronchoy, où il repose et où son épitaphe est encore visible; Marguerite Fayard de Champagneux, épouse de Paul, marquis de Blosset, seigneur de Bourdeille, ministre plénipotentiaire de France en Angleterre, et dont il a été parlé plus haut au sujet du baptème des cloches d'Epineuil.

L'abbé Jean Gauthier et ses frères et sœurs susnommés, avaient pour cousins germains entr'autres, Catherine Gauthier de Serrigny, épouse de Louis Mirey, officier du duc d'Orléans (3); l'abbé Pierre Gauthier, curé d'Yrouer, et Edme Gauthier, bailli de Molosmes, tous trois frères et sœurs de la branche de Serrigny.

De son mariage avec Louis Mirey, Catherine Gauthier

---

(1) Dans l'inventaire dressé, le 29 mai 1762, après la mort de Françoise Gauthier-Luyt, on voit figurer six panneaux de tapisserie verdure, une tenture de vieilles tapisseries de point de Hongrie, huit morceaux de tapisserie tant de point de Hongrie qu'au gros point, deux fauteuils, deux chaises et deux tabourets couverts en tapisseries, etc., etc.

(2) Le corps de Gabrielle Gauthier, morte le 25 avril 1764, d'abord inhumé dans l'église de Cheney, est transféré, le 13 mars 1782, dans l'église du Tronchoy, en présence de sa famille. On voit encore son épitaphe aujourd'hui.

(3) Louis Mirey était lui-même fils de Louis Mirey et d'Anne Gauthier, sœur de Jean Gauthier de Vaulichères et de Regnault Gauthier de Rougemont. Par sa mère il appartenait donc aussi à la première branche des Gauthier.

eut Claude-Denis Mirey, écuyer, dont il a été parlé plus haut et qui fut échevin de Paris, seigneur de Cheney, de Neuvy-Sautour et de Bernouil ; il construisit le beau château de Cheney, habité aujourd'hui par M. Archdeacon ; l'on voit encore son chiffre sur la rampe en fer forgé de l'escalier. Le 21 novembre 1756, il fut parrain avec sa cousine Gabrielle Gauthier, veuve de Messire Berger, seigneur du Tronchoy, d'une cloche de l'église de Cheney qui fut bénie sous les noms de Denis et Gabrielle.

L'abbé Pierre Gauthier, né en 1665, maistre ès-arts de la Faculté de Paris, chanoine de Saint-Pierre, curé d'Yrouer, se fit remarquer et aimer par ses éminentes vertus et mourut le 11 novembre 1729, « ayant été attaqué d'une apoplexie en faisant ses fonctions aux vespres dudit jour, a reçu dans ses habits sacerdotaux le sacrement d'Extrême Onction ».

L'inscription suivante fut mise sur son tombeau placé dans l'église, à l'entrée du chœur, « près sa chaire au pupitre » : « Ci-gist M^{tre} Pierre Gauthier, prestre de cette
» paroisse pendant 40 ans, lequel est décédé le 11 no-
» vembre 1729, universellement regretté de tous ses pa-
» roissiens et de tous ceux dont il était connu. Priez
» Dieu pour luy. »

Edme Gauthier, son frère, né en 1689, licencié ès-lois, bailli de Molosmes, eut, de son mariage avec Marie-Anne Sibert, onze enfants parmi lesquels se distinguèrent surtout Pierre-Edme Gauthier de Sibert, de l'Académie des Inscriptions et Belles-Lettres et Paul Gauthier, curé d'Yrouer.

Gauthier de Sibert, né en 1725, membre de l'Académie des Inscriptions et Belles-Lettres, président du grenier à sel de Tonnerre, commissaire au trésor des chartes de la couronne, avait été destiné par ses parents à entrer dans les finances du royaume, où sa famille pouvait lui procurer de puissants appuis ; mais son penchant pour les lettres l'ayant fait renoncer à ce projet, il vint à Paris où sa situation de fortune lui permit de s'adonner entièrement à l'étude de la littérature. Reçu, en 1767, membre de l'Académie des Inscriptions et Belles-Lettres, il fit paraître un certain nombre de mémoires dans les Recueils de cette Académie, notamment : *Sur la loi Sempronia*. —

S'il y a eu un ordre du tiers état sous les deux premières races de nos rois. — Sur les idées religieuses, civiles et politiques des anciens peuples relativement à la barbe et à la chevelure. — Sur le nom de cour plénière. — Sur la philosophie de Cicéron, et sur la différence qui existe entre la doctrine des philosophes académiques et celle des philosophes sceptiques. Il donna ensuite : 1° *Variation de la monarchie française dans son gouvernement politique, civil et militaire, ou Histoire du gouvernement de la France depuis Clovis jusqu'à la mort de Louis XIV* (1) ; 2° *Vies des empereurs Tite, Antonin et Marc-Aurèle* (2) ; 3° *Histoire des ordres royaux, hospitaliers et militaire de Saint-Lazare, de Jérusalem et de Notre-Dame du Mont-Carmel* (3) ; 4° *Considérations sur l'ancienneté de l'existence du tiers état et sur les causes de la suspension de ses droits pendant un temps* (4). L'érudition de Gauthier de Sibert se manifeste dans tous ses ouvrages. Son livre sur les Variations de la Monarchie française, où il expose successivement les usages, les lois, les revenus du royaume, les domaines et les fiefs, la juridiction ecclésiastique, les assemblées de la nation, le gouvernement féodal, les prérogatives de la noblesse, le vasselage, les Capitulaires de Charlemagne, les Institutions et Etablissements de Saint-Louis, est, disent ses biographes, écrit avec netteté et est très utile à tous ceux qui s'occupent d'approfondir notre ancienne histoire.

Le frère de Gauthier de Sibert, l'abbé Paul Gauthier fut, comme son oncle dont il a été parlé ci-dessus, curé d'Yrouer, où il se consacra entièrement au soulagement des malades, à la consolation des affligés et à l'instruction de ses paroissiens qui, au moment de la Révolution, lui témoignèrent leur affection et leur estime en le nommant président de l'Assemblée primaire, en décembre 1790. Après la Révolution, l'abbé Paul Gauthier se retira au château de Dannemoine où il habita jusqu'à sa mort. Il voulut, par humilité, être inhumé sous l'une des gouttières

(1) Paris, 1768, 4 volumes in-12, ibid. 2ᵉ édition 1789.
(2) Paris, 1769, in-12.
(3) Liège et Bruxelles, 1775, in-4º.
(4) 1789, grand in-8º.

de l'église de Cheney. On doit à Paul Gauthier, dans l'église d'Yrouer, l'inscription suivante destinée à perpétuer les bienfaits de son oncle :

A LA POSTÉRITÉ

« Les réparations de la couverture et de l'escalier de ce
« clocher faites en 1768, le nouvel horloge posé le 25 jan-
« vier 1770, et les chappes et tuniques de satin à fleur
« ont été payés avec les deniers laissés à cette église avec
« la maison et les biens de la maîtrise d'école par feu
« M^{tre} Pierre Gauthier, ancien curé de cette paroisse,
« oncle de M^{tre} Paul Gauthier, curé actuel qui luy a donné
« ce monument de piété et de reconnaissance.
« Priez Dieu pour eux et toute leur famille. »

Les armoiries de la famille Gauthier ont été modifiées suivant les diverses branches.

Gauthier de Vaulichères portait : « D'azur au chevron d'or surmonté d'un croissant d'argent accoté de deux étoiles de même, accompagné en pointe d'une rose tigée et feuillée de sinople. » (Armoiries gravées sur la tombe des Vaulichères).

Un de ses frères, Pierre Gauthier dit le Jeune, portait : « D'argent à un cœur de carnation accompagné en chef de deux grappes de raisin de pampre, en pointe d'un croissant d'azur, au chef dentelé de même. » (Enregistrées dans l'Armorial général de d'Hozier 1696).

La branche des Gauthier Le Roy, de Beauvais, de Croissy, du curé d'Epineuil, de Françoise Gauthier Luyt, portait : « De gueules à une merlette à huit raies, quatre d'or et quatre d'argent entremêlé, et un chef chargé de trois cœurs de carnation. » (Enregistrées dans l'Armorial général de d'Hozier 1696).

Pierre Gauthier, curé d'Yrouer (Branche de Serrigny), portait : « De sable à un coq d'or. » (Arrêt du 20 décembre 1703, Armorial général de d'Hozier).

Les Gauthier de Rougemont et de Vaumorillon, portaient : « D'azur au chevron d'argent accompagné de deux étoiles de même, en pointe d'un raisin tigé et feuillé de sinople. » (Enregistrées notamment dans l'Armorial de Paris, au nom de Gauthier de Rougemont, échevin de Paris).

Les Gauthier d'Hauteserve portent : « D'argent au chevron d'azur accoté de deux étoiles de même, accompagné en pointe d'un raisin tigé et feuillé de sinople, au chef d'azur, chargé d'une fleur de lys d'or. » (Enregistrées en 1817).

CHAPITRE II.

Famille Gauthier du Tronchoy, de Roffé, de Fontaine-Géry, de Montserve.

Le personnage le plus important de cette famille est Pierre Gauthier, qualifié alternativement dans les actes, écuyer, receveur des tailles, gentilhomme de la Fauconnerie du roi, subdélégué de l'intendance de Champagne, commissaire ordinaire des guerres, sieur du Tronchoy, qui vint au dix-septième siècle s'établir dans le Tonnerrois. Son origine languedocienne et ses brillants états de service ne sauraient être mieux exposés que dans les Lettres de noblesse qu'il reçut de Louis XIV, en 1679 ; elles sont conservées à Auxerre (1) et ainsi conçues :

« Louis, par la grâce de Dieu, roi de France et de Navarre, à tous présens et à venir, salut. Comme nous voulons à l'exemple des rois mes prédécesseurs, élever au degré de noblesse ceux de nos sujets qui s'en sont rendus dignes, soit dans la profession des armes, ou dans les autres emplois considérables qui leur ont été confiés, et exciter par ce moyen un chacun à mériter de pareilles grâces, estans bien informés des bons, utiles et fidèles services que nostre cher et bien aimé Pierre Gauthier, sieur du Tronchois, commissaire ordinaire des guerres, nous a rendus consécutivement depuis l'année 1671 qu'il commença de nous servir en nostre province de Champagne, pour la subsistance de nos trouppes, en qualité de subdélégué de l'Intendant en la dite province, sous les ordres duquel il continua d'agir avec tant de vigilance, lorsque nous passâmes l'année suivante avec nostre armée du

(1) Archives de l'Yonne, série E n° 1 36 bis, belle pièce parchemin contenant les armoiries coloriées, mais à laquelle le sceau royal manque.

côté de Rocroy, Marienbourg et Philippeville, pour entrer en Hollande, qu'en qualité de commissaire ordinaire des guerres, nous lui donnâmes dès lors le commandement de quinze cens chevaux pour servir dans les vivres et dans l'artillerie de nostre dite armée, dans la fonction duquel employ il se trouva aux sièges et prises des villes et places d'Orfoy, Rheimbergt, Burick, Wesel, Retz, Emmerick, fort de Stinck, Arnhem, Nimègue, Doisborgh, Zutphen, Utrech et autres lieux que nous conquîmes alors sur les Hollandais et fit une si extraordinaire diligence, tant pour faire avancer le canon à la tête de nos trouppes, que pour leur faire fournir des farines sans lesquelles elles n'auraient pu subsister, que ce service nous fut très considérable de mesme que celuy qu'il nous rendit au fort de Stinck où l'arrivée du canon qu'il y amena d'Emmerich en avança la prise; en suite de quoy le sieur Gautier s'estant ataché assidûment à son employ pendant toutes nos campagnes, nous l'envoïâmes à Wesel pendant le siège de Mastrick (sic) pour faire venir quinze pièces de canon qu'il amena avec tant de promptitude que cela contribua beaucoup à la réduction de cette ville; depuis il fit subsister sur la frontière de nostre province de Champagne, l'armée que nous amenions de Lorraine en Flandres, nous rendit encore au siège de Dôle le mesme service qu'il avait fait à Mastrick, continua d'agir avec la mesme prévoïance et les mesmes soins au combat de Senef (sic), sous les ordres de nostre cousin le Prince de Condé, y fut plusieurs fois en danger de sa vie, se trouva ensuite avec les mesmes quinze cens chevaux qu'il conduisit toujours aux sièges et prises des villes d'Audenarde, Limbourg, Condé, Bouchain, Aire, fort de Linck, Vallenciennes, Cambray, Saint-Guillaume, Gand et Ypres pendant le siège de laquelle ville un boulet de canon tiré par ces ennemis ayant mis le feu aux grenades du parc de nostre artillerie, il se porta avec tant de courage et de conduite pour remédier à l'embrasement général de nos munitions, qu'il eut le bonheur d'arrester l'effet que cet incendie aurait causé sans sa prévoïance à nous et à nostre état; estans très satisfaits ainsy que de l'exécution de tous les ordres secrets que nous luy avons confié dont il s'est acquitté avec une fidélité extrême et considérant encore ce que le dit Gautier nous a représenté qu'il soit d'une bonne famille de nostre province du Languedoc, et qu'il est descendu de noble Guillaume Gautier marié à Pierrette de Nortobene, dont il eut Antoine Gautier sieur de Saint-Blancard, gouverneur du fort de Pecois durant les guerres civiles, et Jean Gautier lequel épousa demoiselle Eléonore de Farges, mère de Jacques et Pierre Gautier, lequel Pierre Gautier fut marié en premières nopces à demoiselle Anne de Bonail, écuyer, de laquelle il eût Mathelin Gautier, receveur général des gabelles du Languedoc, père du dit sieur Gautier et de demoiselle Anne Ducros sa seconde femme, laissa Pierre Gautier avocat en nostre cour de Parlement de Paris, Jacques Gautier controlleur général des gabelles du Languedoc, et damoiselle Jeanne Gautier, les titre de laquelle filiation le dit sieur Gautier n'a pu recouvrer, tant à cause des susdites guerres civiles, qu'il estait extrêmement jeune lors de la mort du dit feu Mathelin Gautier son père, et que mesme estans sorty peu de temps après du Languedoc, il a toujours esté dans le service sans y être retourné, sur quoy voulant témoigner la satisfaction particulière que nous avons des services dudit sieur Gautier et les reconnaistre par une marque d'honneur qui passe à la postérité, scavoir faisons que pour ces causes et autres et de nostre grâce spéciale, nous avons par ces présentes signées de nostre main anobly et anoblissons le dit sieur Pierre Gautier, et du titre et qualité de noble l'avons décoré et décorons, voulons et nous plaist qu'en tous actes tant en jugemens qu'en dehors, il soit tenu censé et réputé noble, ensemble ses enfants et descendans mâles et femelles nés et à naître en loyal mariage, tout ainsy que s'ils estaient issus de noble et ancienne race, et comme tels puissent parvenir à tous degrés de chevalerie et acquérir, tenir et posséder toute sorte de fiefs, terres et seigneureries de quelque titre et qualité qu'elles soient et jouissent de tous les privilèges, franchises, libertés, exemptions, rang et prééminence en fait de guerre et assemblée de noblesse, de même qu'en jouissent les autres anciens nobles de nostre royaume, encore que les dits privilèges ne soient icy spécifiés, porter leurs armoiries timbrées telles qu'elles seront cy empreintes et réglées par le

Juge général des armes et blazon de France, suivant son certifficat, les faire peindre, graver et mettre en leurs maisons et autres lieux à eux appartenans, sans que pour raison du présent anoblissement et de tout le contenu cy-dessus, ils soient tenus payer à nous, à nos successeurs rois et à nos sujets aucune finance, indemnités, droits de fief et nouveaux acquits, pour quelle cause que ce soit, et en quelque lieu que leurs biens soient situés, dont nous les avons déchargés, et en tant que besoin serait, leur en avons fait et faisons don et remise, comme aussi de toutes taxes faites et à faire sur les anoblis, ou ceux qui ont pris la qualité de nobles, en quelque sorte et manière que ce soit, et sans tirer à conséquence, à la charge de vivre noblement et de ne faire aucun acte de dérogence ; si donnons en mandement à nos amis et féaux conseillers, les gens tenant nostre cour à Parlement, Chambre des Comptes et Cour des Aydes, présidens et trésoriers généraux de France au bureau de nos finances étably à Paris, que ces présentes lettres ils fassent enregistrer, et de leur contenu jouir et user le sieur Gautier et ses enfans et postérité pleinement, paisiblement et perpétuellement, cassant et faisant cesser tous troubles et empêchemens à ce contraires, nonobstant tous édits, déclaracions, arrêts, ordonnances, règlements et révocations faites et à faire, notamment celle portée par nostre édit de septembre mil six cens soixante-quatre, de tous anoblissemens accordés depuis l'an mil six cens trente-quatre, auxquelles et aux dérogations de dérogation y contenues nous avons dérogé et dérogeons par ces présentes, et réservé ledit sieur Gautier, ses enfans et postérité, car tel est nostre plaisir, et afin que ce soit don ferme et stable à toujours nous avons fait mettre nostre scel à ces dites présentes, sauf en autres choses nostre droit et l'autruy en toutes.

Donné à Saint-Germain-en-Laye, au mois de may, l'an de grâce mil six cent soixante-dix-huit et de nostre règne le trente-cinquième. »

Signé : Louis (Louis XIV).
Par le Roi,
Le Tellier.

(*Signatures autographes*).

De son mariage avec demoiselle Marie Coiffat, d'une

famille tonnerroise, Pierre Gauthier du Tronchoy eut six enfants :

Pierre Gauthier de Roffé qui fut capitaine au régiment de Monrevel ;

Nicolas Gauthier de Fontaine-Géry, qui mourut en 1713 ;

François Gauthier de Montserve, mort à 21 ans, en 1710, filleul du comte de Clermont-Tonnerre et de la marquise de Louvois ;

Edme Gauthier du Tronchoy qui épousa demoiselle Marie Le Maistre ;

Catherine Gauthier du Tronchoy qui épousa, en 1714, Edme de Boucher de Milly ;

Marie-Gabrielle Gauthier du Tronchoy qui épousa François Pétrot, d'où les Petrot de Montserve, les Monnot de Vinnemer, les Mallet de Ternante, etc., etc... Sa petite-fille, Marie-Henriette-Félicité Mallet de Ternante épousa, le 5 novembre 1781, François-Louis Berthier de Chemilly, officier au régiment de Picardie, infanterie, lieutenant des maréchaux de France, petit-fils de Charlotte Gauthier (des Gauthier de Vaulichères et de Rougemont), épouse de Laurent Deya de la Salle de Viviers, lieutenant-colonel au régiment de Picardie, chevalier de Saint-Louis, seigneur de Viviers dont il a été parlé au chapitre 1er § I de cette notice.

Plusieurs membres de cette famille ont été inhumés à Saint-Michel.

Marie Coiffat était le treizième enfant de Pierre Coiffat et de Catherine Cerveau, fille de Guillaume Cerveau, greffier.

Or, nous avons vu que, dans l'autre famille, les auteurs des deux branches principales, les frères Jean et Pierre Gauthier avaient épousé : l'un Françoise Cerveau, l'autre, Catherine Cerveau, toutes deux sœurs, filles d'Aignan Cerveau (1), lequel, d'après les notes qui nous ont été fournies, était frère de Guillaume Cerveau, greffier.

Par les femmes, Jean et Pierre Gauthier, auteurs des

---

(1) Le 16 avril 1627, Aignan Cerveau, échevin de Tonnerre, avait fait partie avec Pierre Coiffat précité, avocat et procureur syndic des habitants, d'une assemblée ayant pour but l'établissement d'une maison d'école pour les filles.

Vaulichères, Rougemont, d'Hauteserve, Beauvais, etc., étaient devenus oncles, à la mode de Bourgogne, de Pierre Gauthier du Tronchoy, auteur des du Tronchoy. Les descendants de ces deux maisons se sont alors trouvés parents, et c'est cette parenté connue qui a amené la confusion et fit attribuer à ces deux familles, par suite de la similitude du nom, une même origine paternelle.

Les armoiries des Gauthier du Tronchoy étaient : « Au chevron d'azur sur fond mi-partie d'or, mi-partie d'argent, au-dessus (toujours dans l'écusson), un soleil d'or sur fond noir ; timbre : casqué d'un heaume portant une chimère d'or tenant une pomme entre ses griffes. Supports : Deux chimères d'or debout, leurs pieds de derrière reposant sur un monticule de verdure. »

www.ingramcontent.com/pod-product-compliance
Lightning Source LLC
Chambersburg PA
CBHW060631050426
42451CB00012B/2529